Mon animal

Les lapins

Kelley MacAulay et Bobbie Kalman
Photographies de Marc Crabtree
Traduction de Marie-Josée Brière

D1275565

Les Lapins est la traduction de *Rabbits* de Kelley MacAulay et Bobbie Kalman (ISBN 0-7787-1788-1).
© 2005, Crabtree Publishing Company, 616, Welland Ave., St. Catharines, Ontario, Canada L2M 5V6

**Catalogage avant publication de Bibliothèque et Archives nationales du Québec
et Bibliothèque et Archives Canada**

MacAulay, Kelley

    Les lapins

    (Mon animal)
    Traduction de : Rabbits.
    Comprend un index.
    Pour enfants de 6 à 10 ans.

ISBN 978-2-89579-372-4

1. Lapins - Ouvrages pour la jeunesse. 2. Animaux familiers - Ouvrages pour la jeunesse. I. Kalman, Bobbie, 1947-. II. Crabtree, Marc. III. Titre. IV. Collection : Mon animal.

SF453.2.M3314 2011   j636.932'2   C2010-942586-3

Recherche de photos
Crystal Foxton

Conseiller
Dr Michael A. Dutton, D.M.V., D.A.B.V.P., Clinique pour oiseaux et animaux exotiques du New Hampshire
www.exoticandbirdclinic.com

Remerciements particuliers à
Keith Makubuya, Sarah Chan, Lori Chan, Zachary Murphy, Candice Murphy, Mike Cipryk et PETLAND

Photos
Marc Crabtree, sauf :
Robert MacGregor : page 19 (coupe-griffes)
Autres images : Photodisc, Creatas et Comstock

Illustrations
Margaret Amy Reiach

Nous reconnaissons l'aide financière du gouvernement du Canada par l'entremise du Fonds du livre du Canada (FLC) pour des activités de développement de notre entreprise.

Conseil des Arts   Canada Council
du Canada   for the Arts

Bayard Canada Livres inc. remercie le Conseil des Arts du Canada du soutien accordé à son programme d'édition dans le cadre du Programme des subventions globales aux éditeurs.

Cet ouvrage a été publié avec le soutien de la SODEC. Gouvernement du Québec – Programme de crédit d'impôt pour l'édition de livres – Gestion SODEC.

Dépôt légal –
Bibliothèque et Archives nationales du Québec, 2011
Bibliothèque et Archives Canada, 2011

Direction : Andrée-Anne Gratton
Graphisme : Mardigrafe
Traduction : Marie-Josée Brière
Révision : Johanne Champagne

© Bayard Canada Livres inc., 2011
4475, rue Frontenac
Montréal (Québec)
Canada H2H 2S2
Téléphone : 514 844-2111 ou 1 866 844-2111
Télécopieur : 514 278-0072
Courriel : **edition@bayardcanada.com**
Site Internet : **www.bayardlivres.ca**

Imprimé au Canada

Table des matières

Qu'est-ce qu'un lapin ?

Les lapins sont des mammifères. Tous les mammifères ont une colonne vertébrale, et leur corps est généralement couvert de poils ou de fourrure. Les mères mammifères produisent à l'intérieur de leur corps le lait nécessaire pour nourrir leurs petits. Les lapins font partie d'un groupe de mammifères appelés « lagomorphes ». Les lagomorphes possèdent deux paires de dents avant, ou **incisives,** qui n'arrêtent jamais de pousser.

Le corps du lapin

oreille

œil

fourrure

queue

nez

griffe

Les origines du lapin domestique

Les lapins domestiques sont très proches des lapins sauvages. Les lapins sauvages ne sont pas apprivoisés et ils vivent en groupe, sur un territoire boisé appelé « garenne ». Ils creusent des terriers. Ces galeries souterraines, composées de nombreuses pièces, sont reliées par des tunnels. Les lapins sauvages dorment dans leur terrier durant le jour et ils en sortent le soir pour trouver de la nourriture. Les lapins domestiques, eux aussi, sont actifs surtout la nuit.

*Comme les lapins sauvages, les lapins domestiques n'aiment pas vivre seuls. Si tu désires deux lapins, essaie de choisir deux femelles de la même **portée**. Les femelles s'entendent mieux que les mâles.*

Est-ce un bon choix pour toi ?

Les lapins sont des animaux mignons et affectueux, et c'est amusant de les regarder gambader. Mais prendre soin d'un lapin, c'est beaucoup de travail ! Ton lapin comptera sur toi pour le nourrir et lui faire faire de l'exercice tous les jours. Ta famille et toi devrez aussi faire sa toilette et nettoyer sa cage.

Sauras-tu bien t'occuper d'un lapin ?

Réfléchis bien !

Les questions qui suivent pourront vous aider, toi et ta famille, à décider si vous êtes prêts à adopter un lapin.

- Les lapins vivent normalement jusqu'à huit ou dix ans. Pourras-tu t'occuper du tien pendant toutes ces années ?

- Auras-tu le temps de faire la toilette de ton lapin ?

- Les lapins ont besoin de beaucoup d'exercice. Joueras-tu avec le tien chaque jour ?

- Qui va nourrir ton lapin ?

- Y a-t-il des gens **allergiques** aux lapins dans ta famille ?

- Voudras-tu nettoyer la cage au moins une fois par semaine ?

Tout plein de races !

Il existe de nombreuses races, ou sortes, de lapins. Les lapins de la même race se ressemblent et ont des comportements très semblables. Les parents et les grands-parents des lapins de race pure sont de la même race. Ceux des lapins de races mélangées appartiennent à des races différentes. Les lapins de race pure coûtent plus cher que les autres. En voici quelques-uns.

Les lapins des très grandes races sont appelés « géants », comme ce Géant britannique.

Les lapins des toutes petites races sont appelés « nains ». Ce Nain néerlandais, par exemple, est très populaire.

Les lapins angoras ont de beaux poils longs et soyeux. Ils doivent être brossés chaque jour.

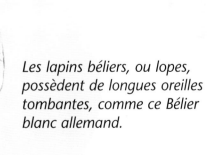

Les lapins béliers, ou lopes, possèdent de longues oreilles tombantes, comme ce Bélier blanc allemand.

Le choix d'un lapin

Pour trouver un lapin, tu peux t'adresser à un **refuge pour animaux** s'il y en a un près de chez toi. Tu peux aussi demander à tes amis et aux membres de ta famille s'ils connaissent des gens qui ont des lapins à donner, ou encore en acheter un d'un **éleveur** ou dans une animalerie. L'important, c'est de prendre ton animal de compagnie dans un endroit où on s'occupe très bien des bêtes.

Les bébés lapins

Les bébés lapins portent le nom de « lapereaux ». Les lapereaux doivent rester auprès de leur mère pendant au moins six semaines, pour qu'elle puisse les protéger et les nourrir. En choisissant ton lapereau, assure-toi qu'il n'est pas trop jeune pour être séparé de sa mère.

Comment choisir?

Si tu décides d'adopter un lapin, prends ton temps pour le choisir. Il est important qu'il soit en bonne santé. Voici quelques éléments à surveiller :

- Sa fourrure est propre, sans plaques chauves.

- Ses yeux sont clairs et brillants, et son nez est sec.

- Ses oreilles sont propres, et elles bougent quand tu fais du bruit.

- Ses dents sont propres.

- Son derrière est propre.

- Il est curieux et enjoué.

Les préparatifs

Avant de ramener ton lapin à la maison, tu devras préparer tout le matériel nécessaire pour prendre bien soin de lui. Voici quelques-uns des objets qu'il te faudra.

Ton lapin aura besoin d'une grande cage confortable.

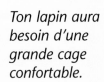

Tu devras recouvrir le fond de la cage de copeaux de bois.

Les lapins aiment faire des tas de copeaux pour se coucher.

Procure-toi un grand bac à litière pour les moments où ton lapin se promènera en liberté dans la maison.

Tu devras aussi mettre un bac à litière plus petit dans la cage de ton lapin.

Recouvre le fond de chaque bac d'une couche de litière propre.

Installe un petit râtelier à foin pour que ton lapin puisse manger du foin frais.

Une bouteille munie d'un tube de métal permettra à ton lapin d'avoir accès à de l'eau propre.

Achète un bol à nourriture en **céramique**. Ainsi, ton lapin ne pourra pas le renverser ou le gruger !

Avec une pierre de sel à lécher, ton lapin aura tout le sel dont il a besoin.

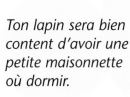

Donne à ton lapin des branches d'arbres fruitiers à grignoter.

Ton lapin sera bien content d'avoir une petite maisonnette où dormir.

Une petite brosse de métal te permettra de faire la toilette de ton lapin.

Choisis quelques jouets pour amuser ton lapin.

Pour les déplacements, ton lapin sera en sécurité dans une boîte de transport.

Un coin confortable

Tu peux acheter une cage dans une animalerie. N'oublie pas que ton lapereau deviendra grand ! La cage que tu choisiras devra donc être assez spacieuse pour qu'un lapin adulte puisse s'étendre de tout son long. Assure-toi que le fond de la cage est en métal, parce qu'un fond grillagé risquerait de blesser les pattes de ton lapin. Et, même si c'est difficile, laisse ton lapin seul dans sa cage pendant quelques heures lorsque tu le ramèneras chez toi. Il doit s'habituer à sa nouvelle maison !

*N'installe pas la cage de ton lapin trop près d'une fenêtre. Le plein soleil et **les courants d'air** pourraient le rendre malade.*

maisonnette pour dormir

pierre de sel

fond en métal

La vie à l'extérieur

Si tu gardes ton lapin dehors, il aura besoin d'un clapier. Un clapier est un grand enclos de bois où vivent les petits animaux. Va voir à la page 27 pour savoir comment tu peux assurer la sécurité de ton lapin à l'extérieur de la maison.

râtelier et foin

bac à litière

bouteille d'eau

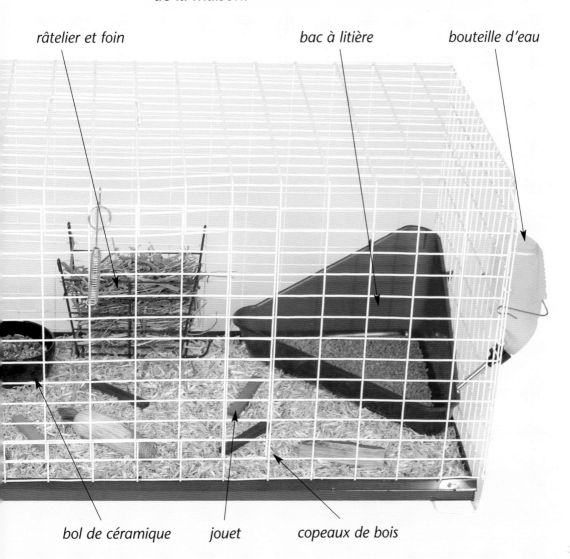

bol de céramique

jouet

copeaux de bois

Une saine alimentation

Les lapins doivent manger certains aliments pour être en bonne santé. Achète des paquets de foin à l'animalerie et donnes-en à ton lapin chaque jour. La fléole des prés, l'avoine, le seigle et l'orge font les meilleurs types de foin. Les lapins ont aussi besoin d'au moins 500 millilitres (deux tasses) de légumes verts frais par jour. Le brocoli, les feuilles de céleri, la laitue et les jeunes pousses de salade, par exemple, sont très nourrissants. Tu peux aussi donner chaque jour à ton lapin une poignée de fruits ou d'autres légumes en morceaux, comme des pommes, des carottes ou des poires.

De l'eau fraîche

Ton lapin doit boire beaucoup d'eau. Assure-toi que sa bouteille est toujours pleine d'eau fraîche et qu'elle est nettoyée chaque jour.

À ne pas mettre au menu !

Fais très attention à ce que tu donnes à manger à ton lapin. Certains aliments pourraient le rendre malade !

🐾 Ne donne jamais d'aliments pourris à ton lapin ! Enlève chaque jour la nourriture qui est restée dans sa cage.

🐾 Il faut bien rincer les fruits et les légumes pour en enlever toute trace de **pesticides** dangereux.

🐾 Si tu as d'autres animaux à la maison, ne donne jamais leur nourriture à ton lapin.

🐾 Ton lapin risque d'être malade si tu lui donnes des bonbons ou d'autres sucreries.

Les soins de toilette

Les lapins sont des animaux très propres. Ils passent beaucoup de temps à faire leur toilette. Ils lèchent leur fourrure et nettoient leur face avec leurs pattes avant. Mais ton lapin pourrait quand même avoir besoin de ton aide pour faire sa toilette. Voici quelques conseils pour que ton lapin soit heureux et en santé.

Une cage bien propre

Si sa cage est sale, ton lapin ne pourra pas rester en santé. Change les copeaux de bois et le foin tous les jours. Nettoie ensuite le bol et la bouteille d'eau de ton lapin. Tu dois aussi laver sa cage avec de l'eau savonneuse une fois par semaine.

Une fourrure resplendissante

Les lapins à poil court ont besoin d'être brossés seulement deux fois par semaine. Les lapins à poil long doivent être brossés tous les jours. Pour faire la toilette de ton lapin, brosse doucement sa fourrure dans le sens du poil. Profites-en pour vérifier qu'il n'y a pas de coupures ou de rougeurs sur sa peau. Et ne coupe jamais la fourrure ou les moustaches de ton lapin !

Des dents solides

En rongeant des branches d'arbres fruitiers, ton lapin gardera ses dents à la bonne longueur. Si ton lapin a de la difficulté à ouvrir ou à fermer sa bouche, c'est que ses dents sont trop longues. Demande à ton vétérinaire de les couper.

Si les griffes de ton lapin sont trop longues, n'essaie pas de les couper toi-même. Demande à ton vétérinaire de le faire à ta place.

19

Manipuler avec soin

Une fois que ton lapin aura eu une journée
ou deux pour explorer sa cage et s'y sentir
à l'aise, tu pourras l'habituer à se faire
prendre. Lave toujours tes mains avant
de manipuler ton lapin, et aussi après.

Doucement !

Pour commencer, laisse simplement
ton lapin sentir tes mains et tes
doigts. Il doit s'habituer à ton
odeur. S'il ne veut pas approcher,
tu peux lui offrir des légumes
ou des fruits frais pour l'attirer.
Mais ne le fais pas chaque fois,
sans quoi il s'attendra toujours
à avoir une gâterie !

Viens ici !

Après quelques jours, ton lapin s'habituera
à ton odeur. Tu pourras alors essayer de le
prendre. Commence par placer une main
sous sa poitrine, en tenant ses pattes avant
entre tes doigts. Soulève ensuite son derrière
avec ton autre main. Garde ton lapin près de
ton corps. Certains lapins n'aiment pas qu'on
les prenne. Si ton lapin se tortille lorsque tu
le soulèves, il vaut peut-être mieux le laisser
par terre !

*Ne soulève jamais ton
lapin par les oreilles.
Tu pourrais le blesser
gravement !*

Le dressage

Tu dois montrer à ton lapin comment se comporter. Mais attention, cela peut être très long ! Consacre 10 à 20 minutes par jour au dressage de ton animal. Ne frappe jamais ton lapin et ne crie jamais après lui. Si ton lapin ne se comporte pas de façon appropriée, arrose-le légèrement avec un vaporisateur à eau.

Méchant lapin !

Si ton lapin ronge ou égratigne quelque chose dans ta maison, pointe le doigt vers lui en disant « Non ! » d'un ton ferme.

Le bac à litière

Ton lapin aura besoin d'un grand bac
à litière si tu le laisses en liberté dans
la maison. Il faudra d'abord que tu lui
montres à s'en servir, en le déposant dans
le bac régulièrement. Après quelques jours,
ton lapin ira dans le bac de lui-même.

*Un bac à litière pour chat fera l'affaire
pour ton lapin. Mais si tu as aussi un
chat chez toi, assure-toi que ton chat
et ton lapin ont chacun leur bac.*

L'heure de jouer

Les lapins ont beaucoup d'énergie. Ils adorent sauter, creuser et jouer à la cachette. Ton lapin devra faire beaucoup d'exercice pour être en bonne santé. Il vaudra donc mieux le laisser à l'extérieur de sa cage la majeure partie de la journée. Et, quand il sera dans sa cage, il s'ennuiera moins si tu lui donnes des jouets.

Si ton lapin passe tout son temps dans sa cage, il ne sera pas en bonne santé.

Un peu d'air frais

Les lapins aiment beaucoup
être dehors. S'il fait assez chaud,
tu peux installer pour ton lapin
un enclos grillagé qui le protégera
contre les autres animaux…
et l'empêchera de se sauver !

*Avant de laisser ton lapin brouter
ta pelouse, assure-toi qu'elle n'a
pas été arrosée de pesticides.*

En sécurité

Les lapins sont des animaux très curieux. Ils aiment renifler et mordiller les objets qui les entourent.

Il y a dans ta maison bien des choses qui pourraient être dangereuses pour ton lapin. Alors, remets-le toujours dans sa cage lorsque ta famille et toi sortez de la maison, et aussi quand tu te couches pour la nuit.

En liberté

Avant de laisser ton lapin hors de sa cage, n'oublie pas de vérifier les éléments suivants :

- Tous les fils électriques sont cachés ou enlevés.

- Toutes les portes sont fermées.

- Tous les objets pointus ont été ramassés.

- Il n'y a aucun autre animal dans la pièce.

- Tout le monde, dans la maison, est au courant que ton lapin se promène en liberté.

Les autres animaux de compagnie, comme les chats, pourraient faire mal à ton lapin.

La vie au grand air

Si ton lapin vit à l'extérieur, dans un clapier, tu dois t'assurer qu'il est en sécurité là aussi. Place le clapier à l'ombre, plutôt qu'en plein soleil, et recouvre-le d'une grande toile de plastique lorsqu'il pleut. Installe le clapier dans un endroit clôturé pour empêcher d'autres animaux de venir effrayer ou blesser ton lapin. Enfin, rentre le clapier à l'intérieur pour l'hiver.

Achète un clapier avec des pattes, pour que ton lapin ne soit pas directement sur le sol humide.

Qu'est-ce qu'il dit ?

Ton lapin est capable de t'envoyer des messages. Il se sert de son corps pour exprimer comment il se sent. Si tu l'observes attentivement, tu comprendras vite la signification de chacune de ses postures.

Quand il est content, le lapin s'assoit sur son derrière et garde les oreilles détendues. S'il est bien dans tes bras, il pourrait même te lécher les doigts !

Lorsqu'il est nerveux, le
lapin frappe le sol avec
une de ses pattes arrière.
Il peut aussi pousser de
petits cris.

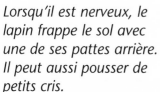

Si ton lapin se lève
sur ses pattes arrière,
c'est parce que
quelque chose a
éveillé sa curiosité.

Un lapin qui se prépare à attaquer
garde le corps immobile tout en
grattant le sol avec les griffes
de ses pattes avant.

Chez le vétérinaire

Les vétérinaires sont des médecins qui soignent les animaux. Ils t'aideront à garder ton lapin en santé. Emmène ton lapin chez le vétérinaire dès que tu l'auras en ta possession. Le vétérinaire s'assurera que ton animal est en santé et il pourra aussi répondre à tes questions.

Emmène ton lapin chez le vétérinaire au moins une fois par année pour une visite de routine. Le vétérinaire pourra ainsi t'avertir si ton lapin est malade.

Une longue vie

Souviens-toi que ton lapin a besoin d'un endroit propre pour vivre, d'une alimentation saine et de beaucoup d'amour. Si tu fais tout ce qu'il faut pour qu'il soit heureux, il aura une longue vie en ta compagnie.

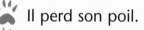

Demande de l'aide

Il est très important d'emmener ton lapin chez un vétérinaire dès que tu te rends compte qu'il est malade, par exemple s'il présente un des symptômes suivants :

- Il perd son poil.
- Il dort plus que d'habitude.
- Il boit plus que d'habitude, ou il ne mange pas ou presque pas.
- Ses yeux sont ternes ou son nez coule.
- Il vomit beaucoup.

Glossaire

allergique Se dit d'une personne qui supporte mal quelque chose, par exemple un aliment ou un animal

céramique Matière dure et lisse obtenue par la cuisson de l'argile

courant d'air Déplacement d'air frais qui s'infiltre dans une maison

éleveur Personne qui assure la reproduction, la naissance et le développement des animaux

incisives Dents aplaties et tranchantes à l'avant de la bouche

pesticide Produit chimique qui sert à tuer les organismes nuisibles, comme certains insectes

portée Groupe de bébés nés en même temps de la même mère

refuge pour animaux Centre où l'on s'occupe des animaux qui n'ont pas de foyer

Index